もくじ

えんしているよ！

■はじめましてリコーダー！			2
シ	春		3
シラ	ゆびの歌	一番星 みぃつけた！	4
	茶つみ		5
ソ	A列車で行こうよ！		6
	シーソー ららら！	シング シング シング	7
	ふ〜がっ！		8
ド̄	にゅうどうぐも や〜い！		9
	Viva! ベートーベン		10
	きらきら星 変奏曲	エンターテイナー	11
	ふけるかのん		12
レ̄	シャボン玉とばそ！	見よ 勇者はかえりぬ	13
	クラリネット・ポルカ		14
	ます	メヌエット	15
	ドキドキ ロックンロール	白鳥の湖	16
シラソ̄ド̄レ̄	木もれ日 ゆれて		17
	いつも いっしょに！		18
	おさんぽ ラッシー		19
	おしゃべり カッコー		20
ファ	アヴィニョンの橋の上で		21
ミ	うさぎ	モルダウ	22
	けいきへい 序曲		23
	南の島からの便り		24
	くじらぐもにのって		25
レ	ラデツキー行進曲	かめ	26
	トルコ行進曲	ハンガリー舞曲 第5番	27
	風と ともだち	リコーダーふいて	28
ド	サリーガーデン		30
	弦楽セレナーデ		31

■運指表　　わからないゆびは、このページを見よう

はじめまして リコーダー！
リコーダーは トゥトゥことば で！

リコーダー で ごあいさつ

リコーダーをふくとき『トゥ』と発音しながら音を出すことを**タンギング**といいます！

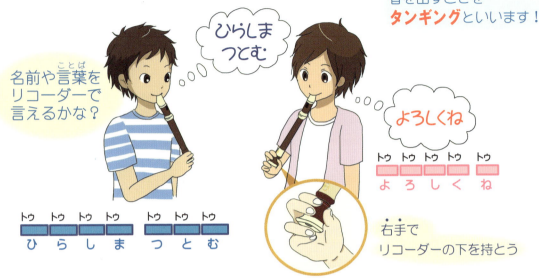

クイズ de リコーダー

『今から、くだものの名前をリコーダーで言います。なんの くだものか、当ててください。』

「乗り物」「やさい」などテーマを決めてからはじめよう。

「トゥトゥ言葉」でふいた音か、「フ〜フ〜言葉」でふいた音か、ききわけるクイズも ぜひやってみよう！

ふっくらふさごう たまごの形

指のはらで ふさぐよ

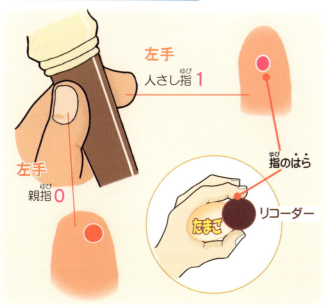

01 指番号
指あなをふさぐ
指の番号
（うら表紙➡）

CD 1/2

春　ヴィヴァルディ

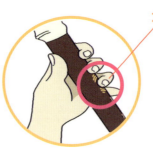

CD 11/12

シーソー ららら！

平島 勉

歌おう

シー　ソー　　　　　　　　　　　　　　　　ら　ら　ら

かい名で歌って おぼえてから、
リコーダーでふこう。

CD 13/14

シング シング シング
プリマ

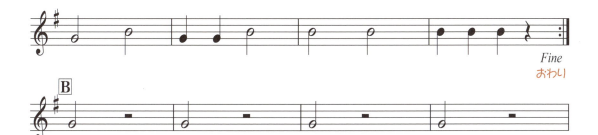

Fine
おわり

D.S.
𝄋 にもどろう

音を 遠くまで とどけよう

0と2は ふさいだまま
1だけを 動かします。

 は、
お～い！ と、遠くの入道雲に
よびかけるように！
　お～ と い をつなげて、
い は 軽くつけたす気持ちで！

にゅうどうぐも や～い！

CD 17/18

平島　勉

二本の指を 同時に動かそう
人さし指 薬指

親指 0 と中指 2 は はなさないで

Viva! ベートーベン

CD 19/20

平島 勉

みんなが知ってる ベートーベン。
『ダダダ・ダ〜ン』は、交響曲第五番「運命」。
《エリーゼのために》のような かわいらしいピアノ曲も。

《Viva！ベートーベン》では、交響曲第九番（第九）の
「よろこびの歌」に合わせてえんそうします。

CD 21/22

きらきら星変奏曲 モーツァルト

人さし指 1 と中指 2 を入れかえて

CD 23/24

エンターテイナー ジョプリン

はじめての 合そう
ふけるかのん

平島 勉

CD 25/26

をえらぶと【ド】と【シ】だけでふけるよ！

正しい高さの音で まっすぐふこう

ピアノの レ をきいて

トゥー
息の強さがかわると音の高さがかわったり、フラフラゆれたりしてしまうよ。

左手 中指 2

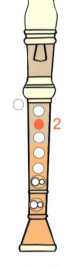

シャボン玉とばそ！

CD 27/28

A 全員で　　B グループ①

C グループ②　　D 全員で　　E

シャボン玉を ふくらませよ
トゥー
ゆれないように！

見よ 勇者はかえりぬ
ヘンデル

CD 29/30

A

みんなの気持ちを一つにして どうどうとふこう！

背中とひじで しせいよく

クラリネット・ポルカ
ポーランド民謡

リズムにのって ふこう

CD 33/34

 ます シューベルト

レ と ソ に合った息(いき)の強さで

CD 35/36

 メヌエット ペツォルト

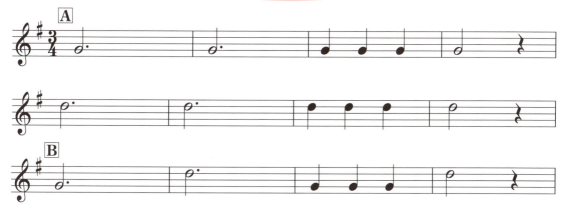

おぼえた音で合わせてふこう

CD 41/42

木（こ）もれ日（び）ゆれて

平島 勉

木もれ日というのは、
木の葉のすき間からさしこむ
太陽の光のことです。
ピアノの音をよくきくと…ほら、
キラキラかがやいているでしょう。

あい手の指を 見ながら ふこう！

CD 43/44

いつも いっしょに！

平島 勉

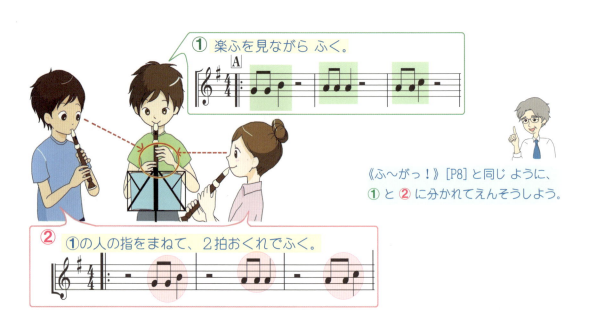

おさんぽ ラッシー

CD 45/46

平島 勉

ふけるようになったら…

ラッシーといっしょに おさんぽしよう！

ア）**かいぬし**になって **ラッシー**をよぼう！
【ラ➡シ】のところだけは『**ラッシー**』と歌います。

イ）こんどは **ラッシー**になるよ！【ソ】のところだけは『**ワン**』となきます。

ウ）いよいよ おさんぽに出発！　**かいぬし**と**ラッシー**に分かれて、えんそうします。

エ）一人で ちょうせん！　『**ラッシー**』、『**ワン**』、さらに ♩♩のリズムを
『**走れ**』と、歌いましょう。

レソ

向かい合って ふこう

CD 47/48

おしゃべり カッコー ①

平島　勉

友だちと向かい合い、その間に「楽ふ」を置いて①と②を同時にふこう。

おしゃべり カッコー ②

平島　勉

右手 親指の ポジション決めよう

親指で しっかりささえよう

右手親指が うまくなる ポイント！

G) 0 1 2 3 **4**
E (B) 0 1 2 3 **4** ・ 6 7

G式とE(B)式…
みんなのは どっちかな？

G式リコーダー【ファ】右手のふさぎ方

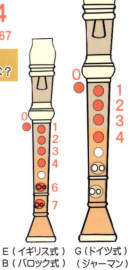

E（イギリス式）　G（ドイツ式）
B（バロック式）　　（ジャーマン）

4と6で
それぞれの指あなをふさぎ、
親指をうらがわにあてる。
その親指を上下に動かして、
ささえやすい場所を見つけよう。

「指かけ」を使うと、
もっと ささえやすくなるよ。

アヴィニョンの橋の上で
フランス民謡

CD 49/50

CD 57/58

南の島からの便り

平島 勉

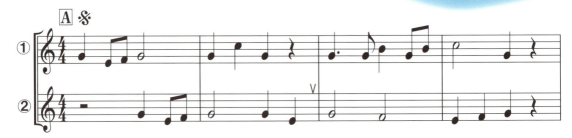

CD 59/60

くじらぐもにのって

平島　勉

ひくい音のタンギングはトォにしよう

ひくい音は、やわらかく『トォ』と発音すると 出しやすくなるよ。

左右二つの指あなをふさぐ。

CD 61/62　ラデツキー行進曲　シュトラウス（父）

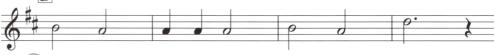

強弱に合わせて、手拍子を入れてみよう！

CD 63/64　かめ　サン＝サーンス

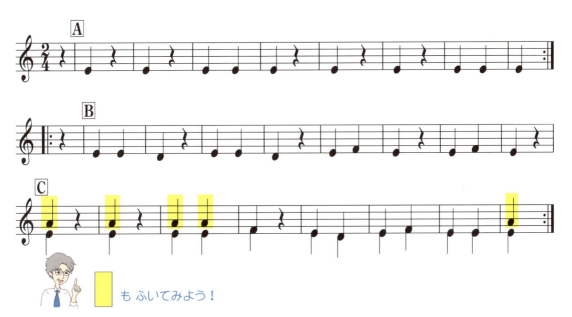

②は【ミ】【レ】だけで ふけますね。

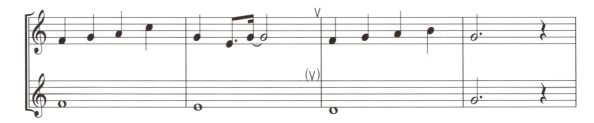

ひくい レとドで ふいてみよう

クラリネット・ポルカ

CD 31/32

《クラリネット・ポルカ》[P14]を、1オクターブ下げて ふいてみよう！
タンギングや息が強すぎると、音がひっくり返ってしまうよ！

主なせんりつ を ふこう

この曲では、「主なせんりつ」をふくよ。オーケストラのえんそうに、ピッタリ合わせよう。

弦楽セレナーデ

CD 75

チャイコフスキー

最後の【低いド】がうまく
ふけない時は【高いド】に
かえてもいいよ！

3年生のための リコーダー BOOK

シング シング リコーダー

| 作　曲　平島　勉 | 平成28年7月1日　初版発行 |
| 編　著　戎　博志 | 平成31年3月1日　3刷発行 |

発行者　外山　篁
発行所　トヤマ出版株式会社
　　　　〒174-0061　東京都板橋区大原町41-6
　　　　☎ 03-3960-8310

イラスト　伊藤麻優